Eugène Müntz

La Peinture en mosaïque dans l'antiquité et au moyen âge

Étude

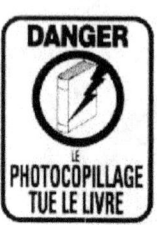
ISBN : 978-1984216977

10 9 8 7 6 5 4 3 2 1

Eugène Müntz

La Peinture en mosaïque dans l'antiquité et au moyen âge

Étude

Table de Matières

Introduction

Industries d'art, arts industriels, arts décoratifs, c'étaient là, il n'y a pas longtemps, des termes impliquant un véritable dédain et jetant une incontestable défaveur sur d'innombrables monuments, précieux pour l'histoire des mœurs, des croyances, des idées, non moins que pour celle du goût. La production d'une œuvre exigeait-elle le concours d'un intermédiaire chargé de traduire le carton du peintre, la maquette du sculpteur, ou bien celte œuvre avait-elle une destination pratique, on s'empressait de lui refuser sa place dans le domaine de l'art, dans ces régions abstraites où les grands-prêtres du beau ne se proposent que la satisfaction désintéressée d'un besoin purement esthétique. La devise des écoles grandes et fécondes, le beau dans l'utile, passait pour un blasphème aux yeux des représentants à outrance du spiritualisme ; à force de vouloir ennoblir et purifier l'art, ils en étaient arrivés à couper les racines qui le rattachaient à la vie nationale et à en faire l'expression, tout artificielle, des aspirations de quelques initiés.

Ces préjugés ont fait leur temps ; depuis un quart de siècle, une curiosité ardente, parfois même inquiète, s'efforce de mettre en lumière jusqu'aux moindres vestiges de ces industries d'art naguère si dédaignées ; elle a cherché à démontrer, et elle a gagné sa cause, que l'activité plastique d'une race ou d'une société n'a pas toujours trouvé sa formule la plus parfaite dans les prétendues formes supérieures de l'art, la peinture à fresque ou à l'huile, la statuaire en marbre ou en bronze. Plus d'un sculpteur de génie s'est appliqué, en des temps où l'esthétique n'avait pas encore établi une rigoureuse distinction des genres, à ciseler un calice ou un candélabre, à graver ou à nieller une paix, à sertir d'un filet ces merveilleuses intailles auxquelles le moyen âge, séduit par leur beauté, prêtait des vertus magiques. D'autre part, que de services les plus grands peintres n'ont-ils pas demandés à ces modestes auxiliaires s'appelant tapissiers, verriers, émailleurs, céramistes ! Avec quel amour n'ont-ils pas travaillé en vue de procédés propres soit à multiplier leurs compositions, soit à leur donner un éclat, ou une souplesse, ou une inaltérabilité supérieurs à ceux des fresques ou des tableaux ! Ces associations fécondes, qu'il faut souhaiter, dans l'intérêt du renouvellement des arts, de voir revivre de nos jours, on doit surtout les bénir quand on se place au point de vue de l'histoire. Que d'informations précieuses les dessins tracés sur de grossiers vases de terre n'ont-ils pas ajoutées à notre connaissance de la peinture gréco-italique ! Et qui pouvait se flatter de connaître les ressources infinies de la sculpture hellénique avant la découverte de ces merveilleuses terres cuites, qui, après un oubli de plus de vingt siècles, viennent de reparaître à la lumière, éblouissantes de grâce et de fraîcheur, et unissant à la pureté des formes l'intimité, on serait presque tenté de dire le laisser-aller dont on avait fait une des conquêtes de l'art moderne !

L'ardeur que nos contemporains apportent dans ces réhabilitations, le triomphe de ces principes de large et féconde sympathie ont tout particulièrement profité, dans les vingt dernières années, à un art peu connu de ce côté-ci des monts, mais qui en Italie, en Grèce et jusque dans l'Orient, compte plus d'un chef-d'œuvre. La considère-t-on dans ses procédés, la peinture en mosaïque est une industrie d'art au premier chef, puisqu'elle nous offre non l'expression directe, immédiate de la pensée d'un maître, mais une traduction due à de patients et obscurs auxiliaires, incapables de créer par eux-mêmes. S'attache-t-on à ses résultats, elle satisfait, au contraire, à toutes les conditions de la peinture monumentale ; si elle n'a pas la souplesse de la fresque, elle l'emporte sur elle par son éclat et sa résistance, avantages qui ont dû être particulièrement appréciés chez des peuples et en des temps préoccupés d'assurer à leurs créations une durée éternelle. Aussi la peinture exécutée au moyen de cubes de marbre ou de cubes de verre, cette peinture pour l'éternité, comme on l'a fort bien appelée, a-t-elle tenu pendant une période de plus de mille ans une place absolument prépondérante dans les annales de l'art ; les aspirations du monde romain, aussi bien que celles des barbares, semblent s'incarner en elle ; pour l'antiquité comme pour le moyen âge, l'étude de ses productions est une première assise, une pierre angulaire de toute histoire de l'art ; ce sont les expressions d'un archéologue doublé d'un écrivain. « Ces œuvres un peu rudes, ajoute M. Vitet dans son compte-rendu de l'ouvrage par lequel M. Barbet de Jouy a eu le mérite d'appeler l'attention du public sur cette classe de monuments, ces œuvres un peu rudes, souvent presque barbares, mais toujours grandioses, parfois même belles, offrent un champ d'études absolument nouveau dès qu'il s'agit d'y chercher des notions sur l'état du goût, le caractère du style et du dessin à Rome et dans l'Occident. »

L'appel adressé aux savants par MM. Barbet de Jouy et Vitet a été entendu. En France, en Allemagne, en Italie, toute une pléiade d'archéologues et d'historiens d'art s'applique depuis lors à l'étude de monuments si peu ou si mal connus. Elle a eu fort à faire, surtout pour en fixer la chronologie ; des erreurs de date de six ou même de huit cents ans n'avaient naguère rien d'extraordinaire dans des ouvrages faisant autorité ; c'est ainsi qu'il a fallu restituer au Ve siècle la belle mosaïque de Sainte-Pudentienne, si longtemps attribuée au IXe, et les élégants rinceaux du baptistère de Constantin, dont on avait cru pouvoir faire honneur au XIIIe. Pour aller plus vite, on s'est partagé un domaine qui ne laisse pas que d'être considérable. L'un, M. R. Engelmann, a jeté son dévolu sur l'antiquité classique ; un autre, M. Labarte, sur le moyen âge. Les mosaïques de Ravenne ont fourni à MM. Rahn, Richter et Bayet la matière d'observations intéressantes ; Mgr Barbier de Montault a fait de celles de Milan l'objet d'une étude approfondie. Il appartenait au maître des antiquités chrétiennes de mettre en lumière les mosaïques de la ville éternelle : M. de Rossi n'a pas failli à cette tâche ; son ouvrage se recommande par le luxe typographique non moins que par l'abondance des informations, la sûreté d'une critique toujours en éveil. Plus récemment, M. Jules Comte, inspecteur-général des écoles d'art décoratif, et M. Quantin ont assigné à la mosaïque une place d'honneur dans cette *Bibliothèque de l'enseignement des beaux-arts*, qui, grâce à leur généreuse initiative, répandra dans toutes les classes de la société des connaissances jusqu'ici réservées à un petit nombre de privilégiés. Le volume dont MM. Comte et Quantin ont confié la rédaction à M. Gerspach forme un résumé clair et substantiel de l'histoire de la peinture en mosaïque depuis l'antiquité jusqu'à nos jours. L'auteur, qui dirige depuis de longues années le service des manufactures nationales, a tiré le meilleur parti de ses connaissances techniques ; elles lui ont permis de déterminer avec une netteté parfaite le rôle et les limites d'un procédé dont on s'est exagéré les ressources comme les lacunes.

Section I

La peinture en mosaïque a pris naissance en Asie. Cet art
majestueux (qu'il nous soit permis ici encore de citer M. Vitet),
cette façon de peindre, lente et traditionnelle, suppose une
constance, une fixité d'idées, une unité de goût et de principes qu'on
ne rencontre guère que dans des sociétés presque sacerdotales ou
bien encore dans les époques où l'art, après avoir jeté le feu de sa
jeunesse, commence à se calmer et à s'éteindre. La Grèce connut
tard et apprécia modérément un procédé qui répugnait à la liberté,
à la vivacité de son génie ; mais Rome s'en empara dès le temps
de Sylla, mit tous ses soins à le perfectionner et l'introduisit dans
les innombrables provinces d'un empire sans limites, les Gaules,
la Germanie, l'Espagne, l'Afrique et même la lointaine Bretagne,
où de superbes pavements historiés témoignent aujourd'hui
encore du luxe de la colonie latine. Avec sa prédilection pour la
magnificence jointe à la solidité, le peuple-roi ne pouvait manquer
de se passionner pour ces chefs-d'œuvre de fini destinés à braver
l'effort du temps. Nul genre de décoration ne lui sembla plus digne
d'être associé aux prodiges de son architecture, aux immenses
colonnes monolithes, aux toitures en bronze massif. La fresque ne
tarda pas à être délaissée en faveur de la peinture lapidaire, c'est-
à-dire d'un art où la couleur n'est pas seulement à la surface, mais
fait corps avec des fragments de marbre ou de pâtes vitrifiées, et
participe de leur résistance presque indéfinie. A une époque où
la recherche du luxe l'emportait sur celle de la beauté, on se plut
à multiplier ces incrustations dont l'éclat rivalisait avec celui des
gemmes ; au moindre rayon de soleil, ces surfaces tapissées de
cubes d'or, d'azur, de pourpre, jetaient mille feux comme un écrin
garni des plus riches joyaux. Aussi la peinture en mosaïque devint-
elle bientôt, pour les connaisseurs comme pour la foule, la peintura
par excellence. Poètes, romanciers, philosophes n'ont pas assez
d'épithètes pour en célébrer tous les mérites. Dans sa description
du palais d'Eros et de Psyché, Apulée envie le bonheur de ceux
qui peuvent fouler aux pieds les merveilleux pavements composés
de pierres précieuses : *Vehemenler iterum ac sœpius beatos illos
qui super gemmas et monilia calcant* ! Prudence, emporté par son
lyrisme, prête une âme aux joyaux qu'il voit resplendir sur les

parois, Sidoine Apollinaire oublie presque de nous parler au sujet représenté pour s'extasier devant des scintillements qui rivalisent avec ceux du saphir. Cette évocation des gemmes n'était d'ailleurs pas toujours une image poétique ; il existe des mosaïques dans lesquelles on a poussé le luxe jusqu'à employer des fragments de lapis-lazuli, d'agate, de nacre.

Dans ce genre de peinture, le prix de la matière première n'est égalé que par celui de la main-d'œuvre : c'était une supériorité de plus aux yeux d'une époque avide de tout ce qui était rare, curieux ou cher. Il n'existe pas de technique plus lente, plus minutieuse. Aujourd'hui même, à l'atelier du Vatican, malgré son assortiment de vingt-cinq mille nuances, l'exécution d'un des grands tableaux destinés aux basiliques de Saint-Pierre ou de Saint-Paul exige presque une vie d'homme : la copie du *Couronnement de la Vierge*, d'après Raphaël, a occupé de 1863 à 1874 quatre artistes habiles. Quelle patience le mosaïste n'était-il pas forcé de déployer à une époque où, dédaignant de recourir aux pâles de couleur fabriquées de toutes pièces, il s'ingéniait à rendre les carnations les plus délicates avec des marbres fournis par la nature ! A cet égard, les chiffres résultant de l'examen de la mosaïque de Palestrine ont leur intérêt et leur éloquence : pour composer cet ouvrage, qui mesure 78,624 onces carrées (1 once carrée équivaut à 9 centimètres carrés), il a fallu assortir, taitler, assembler, six ou sept millions de fragments de marbre : on y compte, en effet, jusqu'à quatre-vingt-seize fragments par once carrée.

L'engouement général ne fit que croître en raison des difficultés. On se flatta d'égaler, avec des matières minérales, la souplesse du pinceau ; on considéra ces tours de force comme le but suprême de l'art. De pareilles illusions ne sont pas rares dans les siècles où l'inspiration faiblit, où le goût se corrompt. Ne voyons-nous pas aujourd'hui encore les savants tapissiers des Gobelins, les non moins doctes mosaïstes du Vatican, mettre toute leur gloire à imiter, avec des matériaux en apparence rebelles, les chefs-d'œuvre de la peinture à l'huile et à reproduire dans leurs copies jusqu'aux défectuosités, jusqu'à la patine des originaux ? Dans l'antiquité, ces tours de force avaient le privilège d'émerveiller, de passionner toutes les classes de la société ; on cria au miracle à la vue de ces prodigieux trompe-l'œil. Un grave auteur, Sénèque, n'hésite pas à accueillir une des fables ridicules qui prirent naissance à ce sujet ; il nous parle d'une mosaïque dont les cubes se disjoignaient, comme par enchantement, sous l'action d'un courant d'eau, puis, à un moment donné, reprenaient machinalement leur place primitive. Quelques siècles plus tard, nous voyons se former, à propos d'un ouvrage du même genre, une légende plus étonnante encore. Procope raconte que l'on regarda comme autant de présages de malheur la chute des différentes parties du portrait en mosaïque de Théodoric, incrusté sur un monument du forum de Naples. Le haut de la figure se détacha d'abord : presque aussitôt Théodoric mourut. Huit années plus tard disparurent les cubes d'émail qui dessinaient la poitrine du conquérant goth : on ne tarda pas à apprendre la mort d'Athalaric, son petit-fils et successeur ; on fit coïncider la ruine de la partie centrale de la figure avec la mort d'Arnalasonthe ; enfin, au moment de la prise de Rome par Bélisaire, on vit tomber ce qui restait encore de la mosaïque, et personne ne douta plus que le règne des Goths ne touchât à sa fin.

Introduite à Rome dans les derniers temps de la république, la mosaïque arrive sous l'empire à son complet épanouissement. A partir du 1er siècle, temples et théâtres, forums, thermes, palais, villas demandent leur décoration aux habiles et patients artistes qui, sous le nom de *musivarii*, se répandent jusque dans les moindres cités. Les maisons des patriciens de Pompéi nous montrent en quelle estime on tenait, dès le règne des Flaviens, le nouveau système décoratif. Avant même qu'il ait franchi le seuil, le visiteur découvre soit un joyeux *Salve* incrusté en cubes de marbre noir sur un fond blanc, soit un chien faisant mine de s'élancer sur lui, avec l'inscription *Cave canem*, ou encore, comme dans cette mosaïque de Pompéi, conservée au château de Chantilly, un chien du nom de Torquatus attaquant un sanglier, avec l'épigraphe : *Cave Torquatum*. Puis viennent des incrustations monochromes de la plus grande élégance, néréides montées sur des chevaux marins, scènes de chasse, de pêche, représentations mythologiques. Ces compositions, pleines de mouvement et de noblesse, alternent avec des pavements purement décoratifs, dans lesquels des plaques de porphyre, de serpentine, de jaune ou de rouge antique, artistement découpées et assemblées, imitent les plus riches lapis. Dans les fragments conservés au musée du Palatin, on remarque des fleurs traitées dans un style exquis ; ailleurs des grecques, des méandres, des entrelacs, des ornements géométriques de la plus grande beauté. En continuant d'avancer, le visiteur découvre des tableaux en pierres dures, dont le fini n'a rien à envier aux miniatures les plus parfaites. Le triclinium est généralement orné de sujets en rapport avec sa destination : fruits, poissons, volailles ; parfois on se plût à simuler sur le sol les reliefs d'un festin, comme dans ce pavement du musée de Latran, où l'artiste s'est ingénié à couvrir le parquet de fragments de raves et de choux, d'os de poulet, de débris d'écrevisses. *Asarotos œcos*, maison non balayée, tel est le titre sous lequel on désignait ces trompe-l'œil qui semblent avoir été fort en vogue, car on en rencontre jusqu'en Afrique. Les autres salles contiennent tour à tour des tableaux d'histoire, des scènes empruntées au théâtre, au cirque, à la vie de tous les jours (*le Poète comique*, au musée de Naples, *les Courses de char*, au musée de Lyon ; un *Combat de gladiateurs*, à la villa Borghèse), ou encore des représentations géographiques, telles que les grands paysages égyptiens, conservés l'un à Palestrine, l'autre à Rome. Les images des dieux, les portraits des hommes célèbres, d'élégantes arabesques et mille autres motifs leur font suite. L'empire de la mosaïque s'étend jusqu'à la salle de bains ou jusqu'à la fontaine : des cubes d'émail bleu, vert, jaune, rouge, y alternent avec des coquillages et dessinent les figures les plus variées.

Pendant cet âge d'or de l'art romain qui correspond au règne des douze Césars, les peintres en mosaïque, s'inspirant des traditions du génie grec, s'efforcent d'unir dans leurs compositions la liberté et la sagesse. Dans les mosaïques découvertes à Pompéi, l'harmonie des lignes n'est égalée que par la chaleur du coloris, la fermeté du modelé. Rien de plus riche et de plus vivant que le *Bacchus monté sur un lion*, au musée de Naples, rien de plus discret et de plus spirituel que *le Poète comique*, conservé dans la même collection. Une de ces compositions surtout est faite pour donner la plus haute idée du goût et de l'habileté des mosaïstes romains : depuis l'époque de sa découverte, en 1831, la grande page connue sous le nom de *Bataille d'Arbelles* n'a pas lassé l'admiration des connaisseurs.

Sous les Antonins, la tradition du grand art s'altère ; si l'on rencontre encore un certain nombre de peintures lapidaires qui témoignent de l'entente des effets décoratifs, surtout quand elles sont composées d'ornements, il n'en est que trop où tout ce qui s'appelle unité, harmonie, style, fait absolument défaut. Oubliant que leur premier devoir est d'entrer dans les vues de l'architecte, dont ils sont les auxiliaires, de s'inspirer de ses principes, de régler leurs projets sur les siens, les mosaïstes ne songent plus qu'à laisser un libre frein à leur ambition, à leur fantaisie. Là où la disposition générale du temple ou du palais qu'ils sont chargés de décorer exige une composition savamment pondérée, des groupes d'une netteté sculpturale, ils prodiguent les détails et embarrassent l'œil par des lignes heurtées et confuses. On leur demande de procéder par grandes masses : ils s'obstinent à modeler chaque figure avec le fini que comporte une miniature. Ils cèdent surtout à la tentation de traiter leurs incrustations comme des tableaux indépendants de l'édifice auquel elles doivent servir d'ornement : aux fonds unis ils substituent des paysages compliqués, avec des effets de perspective aérienne qui donneraient à réfléchir aux impressionnistes modernes, ou bien des amoncellements d'édifices au milieu desquels l'œil s'égare et qui écrasent complètement les figures du premier plan.

Ces défauts sont particulièrement sensibles dans deux mosaïques conservées l'une au musée Kircher, à Rome, l'autre au palais Barberini, à Palestrine, et toutes deux consacrées à l'illustration de l'Egypte. Dans la dernière, pour employer les expressions de M. Gerspach, ce ne sont qu'îles chargées de temples, de fermes, de villas, de berceaux treillages couverts de plantes grimpantes, où se passent les scènes les plus animées de la vie civile ou religieuse ; le fleuve est sillonné par de grands bateaux ou des canots en papyrus ; des indigènes y font une chasse acharnée aux crocodiles et aux hippopotames ; vers le haut de la composition, dont les sections sont superposées, sans paysage, les édifices font place à des rochers peuplés d'animaux, les uns fantastiques, les autres réels, serpents, onocentaures, caméléopards, sangliers, crabes, singes, panthères, tigres, lions, chameaux, chiens-loups, tortues ; des chasseurs, postés sur les sommets, abattent le gibier à coups de flèches. Dans cette étrange ménagerie, les figures se mêlent et se confondent, comme si l'auteur avait pris à tâche de braver toutes les lois de la symétrie ; la vulgarité de la conception, la laideur des types, la violence grimaçante des mouvements achèvent de former la contradiction la plus complète qui se puisse imaginer avec la belle et noble ordonnance du temple de la Fortune, car telle était la destination de l'édifice auquel la mosaïque de Palestrine servait à l'origine d'ornement.

Les imperfections, peut-être voulues, que l'on constate dans ces deux ouvrages, dont on est aujourd'hui disposé à placer l'exécution sous le règne d'Hadrien, ne doivent pas nous faire oublier la science très réelle du dessin et du coloris, et je ne sais quelle chaleur, quel souffle de vie, qui rachètent bien des erreurs. Les auteurs d'une mosaïque postérieure de trois quarts de siècle et qui marque une nouvelle, on pourrait presque dire une dernière étape dans la voie de la décadence, l'immense pavement des thermes de Caracalla, avec les portraits des gladiateurs célèbres de l'époque, n'ont plus la moindre qualité à nous offrir en échange de leurs défauts : l'incorrection du dessin, la grossièreté du coloris, vont de pair avec l'abaissement de la pensée ; rien ne se saurait concevoir de plus hideux que ces figures bestiales, chez lesquelles la force elle-même ne paraît plus qu'un produit malsain d'une civilisation déchue. Il était temps qu'une autre inspiration vînt renouveler et vivifier cette forme de la peinture qui, chez les Romains, avait le privilège de primer et d'éclipser toutes les autres.

Section II

Pour qui n'a pas admiré, dans l'un des grands sanctuaires de l'Italie ou de l'Orient, à Saint-Marc de Venise, à Saint-Georges de Salonique, à Sainte-Sophie, la profusion des marbres précieux, des émaux multicolores qui scintillent sur la façade, enrichissent les portiques, les parois de la nef, la tribune, les ambons, les tabernacles, le trône de l'évêque ou du pape, et jettent leurs feux jusque sur le candélabre pascal, il est difficile de se faire une idée de la place que la mosaïque tient dans l'histoire du bas-empire et du moyen âge. Du IVe au XIe siècle, depuis le triomphe du christianisme jusqu'à la grande révolution provoquée dans les arts par Nicolas de Pise, qui a retrouvé la beauté de formes inhérente à l'antiquité, et par Giotto, qui a remis en honneur le culte de la nature, c'est dans cette branche de la peinture qu'il faut chercher l'expression la plus précise et la plus harmonieuse de la vie religieuse et politique de l'Italie et de l'empire byzantin, la forme la plus brillante de leur pensée et de leur goût. Dans ces pages splendides se traduisent tour à tour, au sud et au nord, à Milan et à Venise, à Rome et à Ravenne, à Capoue, à Salerne, à Palerme, à Montréal, à Constantinople, à Jérusalem, la piété profonde, les luttes, les conquêtes, les aspirations de siècles tourmentés et troublés, et qui ont plus d'une fois été envahis par les ténèbres, mais dont l'influence sur la genèse du monde moderne a été trop grande pour nous laisser indifférents. D'après une légende longtemps accréditée, c'est en mosaïque qu'était exécutée l'image miraculeuse du Christ qui apparut dans l'abside de Saint-Jean-de-Latran lorsque la vénérable basilique, mère et souveraine de toutes les églises du monde chrétien, fut consacrée par Constantin au culte du nouveau Dieu. C'est à la mosaïque que le pape Sixte III demanda d'affirmer, après la condamnation des nestoriens, les dogmes proclamés par le concile d'Éphèse ; c'est à elle qu'il demanda de retracer aux yeux de son saint troupeau l'histoire du peuple d'Israël, que nous admirons sur les murs de la basilique Libérienne. Théodoric réclama son concours pour perpétuer le souvenir de son triomphe : il se fit représenter la lance dans une main, le bouclier dans l'autre, entre les figures symboliques de Rome, qui lui devait un nouveau lustre, et de Ravenne, qui s'avançait vers son vainqueur, humble, éplorée, implorant sa clémence. Puis, après la domination éphémère des Goths, c'est encore à la mosaïque qu'échoit l'insigne honneur de nous transmettre l'image de Justinien, de Théodora et de leur entourage, les incomparables portraits de l'église Saint-Vital, de Ravenne. Lombards, Francs, Normands s'en emparent tour à tour pendant les siècles qui suivent. Les compositions dont Luitprand fit orner l'église d'Olona furent longtemps célèbres ; la place du Latran conserve aujourd'hui encore le souvenir du couronnement de Charlemagne, et nulle part la domination de Robert Guiscard et de ses successeurs n'a laissé de monuments aussi éclatants que dans les mosaïques de Cefalu, de Palerme, de Montréal, de Salerne.

Considérée au point de vue du style, la mosaïque conserve plus longtemps qu'aucun autre genre les traditions classiques et s'élève le plus haut. Lorsque, sous l'action du christianisme, la peinture lapidaire se régénère et se prépare à reprendre son essor, la statuaire n'existait déjà plus que de nom. En examinant, au forum, les bas-reliefs de l'arc de Septime Sévère, il semble qu'il soit impossible de tomber plus bas, et cependant, si on les compare à ceux de l'arc Constantin, on trouve entre eux un abîme non moins profond que celui qui sépare l'arc de Sévère dus arcs de Trajan et de Titus. Les sculpteurs des sarcophages chrétiens, dont la majeure partie appartient au IVe et Ve siècle, ont été impuissants à réagir coutre le flot montant de la barbarie. On a beau objecter qu'ils fabriquaient leurs ouvrages d'avance, en quantité considérable, qu'ils les considéraient comme des produits industriels plutôt que comme des œuvres d'art ; aucun des sarcophages païens exécutés dans les mêmes conditions ne nous montre des masses aussi mal équilibrées, des figures aussi informes, une ignorance aussi complète des lois de l'anatomie et du goût. Il faut une rare bonne volonté pour découvrir de loin en loin un bout de draperie bien ajusté, une attitude naturelle, un reste d'élégance ou de poésie, dernier reflet des chefs d'œuvre qui à ce moment peuplaient encore l'Italie. A Ravenne, malgré l'influence salutaire de la civilisation byzantine, l'infériorité de la statuaire n'est pas moins sensible qu'à Rome. Rien de plus lourd et de plus grossier que les figures en stuc qui garnissent l'intérieur du baptistère des orthodoxes : on hésiterait, sans le témoignage des textes, à les croire contemporaines des admirables mosaïques de la coupole. Partout la sculpture en ivoire, l'orfèvrerie, refoulent la statuaire proprement dite ; à partir du VIIe siècle, les Italiens semblent renoncer entièrement à travailler le marbre ou le bronze.

Considère-t-on les évolutions de l'architecture, ici encore tout proclame une irrémédiable décadence. Pendant de longs siècles, on ne vit plus que de plagiats ; on dépouille les temples de leurs colonnes, de leurs frises, de leurs, ornements ; on leur enlève jusqu'aux chambranles et aux chapiteaux, quand toutefois ou ne juge pas plus simple de confisquer le monument tout entier pour le transformer en un sanctuaire chrétien. En contemplant les monolithes aux dimensions gigantesques, aux contours si élégants, que l'empire avait donnés pour supports aux basiliques du forum romain ou du forum de Trajan, au Panthéon ou aux thermes de Dioclétien, on est saisi d'admiration devant ces triomphes de la science architecturale. Que de prodiges pour retirer ces masses de

la carrière, pour les tailler, pour les transporter dans la capitale !
Ces problèmes, les chrétiens les simplifièrent singulièrement :
ont-ils besoin de colonnes pour édifier Saint-Paul hors les Murs,
Sainte-Sabine, Saint-Pierre-ès-Liens et tant d'autres basiliques, ils
se contentent de mettre en coupe réglée la basilique de Paul-Émile,
le mausolée d'Adrien, les thermes. Dans la suite, bâtisseurs et
architectes ne se préoccupent même plus d'assurer l'unité de style
ou de dimension des matériaux affectés aux créations nouvelles :
fûts lisses et cannelés, chapiteaux corinthiens et ioniens, fragments
de frises aux ornements disparates, tout se trouve mêlé et confondu
dans le même édifice : Saint-Laurent hors les Murs, l'Ara-Cœli et
bien d'autres sanctuaires romains n'ont que ce désordre pittoresque
pour se recommander à l'attention du visiteur.

Quant au plan de ces monuments, il n'est le plus souvent qu'une
imitation plus ou moins directe des types antiques. On a pu
discuter sur telle ou telle différence de détail ; dans ses grandes
lignes la basilique chrétienne, il n'est pas permis d'en douter,
procède des basiliques païennes, surtout des basiliques privées.
Dans cette œuvre d'assimilation, de transformation, on n'a fait,
comme à tant d'autres égards, que simplifier, appauvrir. L'extérieur
des nouveaux édifices est nu et froid, qu'ils aient la forme d'une
croix, celle d'une rotonde ou celle d'un octogone, qu'ils s'élèvent
à Rome, à Ravenne ou à Milan. Des murs en briques, tout unis,
sans colonnes, sans pilastres, sans ornements, en font tous les frais.
A Ravenne, dans les campaniles construits à côté des basiliques,
on chercherait en vain la trace d'une idée architecturale : ce sont
d'énormes cylindres, rien de plus.

Si nous pénétrons à l'intérieur, nous sommes dès l'abord frappés
de la pauvreté de l'invention, du manque de cohésion et de vie.
Ce faîtage en bois recouvrant des pans de murs très élevés, que
supportent des arcades reposant à leur tour sur des colonnes,
ces nefs latérales adossées plutôt que reliées à l'édifice principal,
forment-ils bien un ensemble organique, comme les temples des
anciens, comme les cathédrales romanes ou gothiques ? Je suis
plutôt tenté d'y voir une juxtaposition d'éléments hétérogènes, que
l'artiste n'a pas su fondre, auxquels il n'a pas su donner l'unité et
l'harmonie. Les critiques ne tardent d'ailleurs pas à faire place à
un sentiment unique, l'admiration qu'inspirent la majesté de ces

triples ou quintuples colonnades, la richesse des ornements, la noblesse des peintures incrustées dans le pavement, sur les parois de la nef, sur l'arc triomphal, sur la voûte de l'abside : depuis le portique jusqu'à la tribune, le visiteur marche de surprise en surprise ; l'œil ébloui ne sait plus où se poser. Mais l'architecte n'entre pour rien dans ce triomphe. Si dans les basiliques de Ravenne ou de Rome, à Saint-Apollinaire Nouveau, à Saint-Vital, à Sainte-Marie-Majeure, à Sainte-Praxède, vous supprimez les mosaïques qui font leur gloire, que restera-t-il pour charmer ou pour édifier ?

Dans le domaine de la peinture enfin, c'est encore la mosaïque, non la fresque, qui consacre l'avènement des idées nouvelles. Lorsqu'on lui demanda, après le triomphe de l'église, de concourir à la décoration des sanctuaires, — basiliques, baptistères, mausolées, — il s'agissait en réalité de créer, de toutes pièces, le vaste cycle de représentations qui, depuis, constitue le fonds commun de l'art chrétien. On ne saurait, à cet égard, assez applaudir aux judicieuses observations de l'historien des *Origines du christianisme*. « C'est bien à tort, dit M. Renan, en parlant des peintures des catacombes, qu'on a vu dans ces essais timides le principe d'un art nouveau. L'expression y est faible ; l'idée chrétienne tout à fait absente ; la physionomie générale indécise. L'exécution n'en est pas mauvaise ; on sent des artistes qui ont reçu une assez bonne éducation d'atelier ; elle est bien supérieure, en tout cas, à celle qu'on trouve dans la vraie peinture chrétienne qui naît plus tard. Mais quelle différence dans l'expression [1] ! »

La recherche de la magnificence avait déterminé, aux jours florissants de l'empire romain, la vogue extraordinaire de la mosaïque. Un besoin analogue lui permit, pendant le bas-empire, d'éclipser les autres branches de la peinture et de devenir l'instrument par excellence de l'église triomphante. Il était naturel que les barbares, incapables d'apprécier la pureté des formes, la noblesse du style, s'attachassent à la richesse de la matière première ; le luxe tint lieu, à leurs yeux, de goût. Dioclétien avait donné le signal d'un faste jusqu'alors sans exemple : à ce parvenu il fallut des étoiles de soie brochées d'or, des perles et des gemmes jusque sur ses chaussures. Ses successeurs renchérirent encore sur ces

---

1   *Marc Aurèle*, p. 533.

raffinements. Désormais, les chroniqueurs ne nous entretiennent plus guère de la forme des œuvres d'art ; ils s'intéressent surtout à leur composition et à leur poids. Le moment vint où le marbre, le bronze furent dédaignés, comme matières trop communes ; l'argent, l'or, les pierres précieuses parurent seuls dignes de figurer dans la décoration d'une église ou d'un palais. Dans les peintures parvenues jusqu'à nous, on peut suivre d'âge en âge les progrès du faste ; bientôt, sauf pour le Christ et les apôtres, la toge antique, si noble, si simple, est remplacée par des costumes byzantins étincelants de pierreries ; la Vierge, les saints, les donateurs disparaissent sous le poids des broderies et des gemmes. Les auteurs des inscriptions tracées au-dessous des mosaïques ne font plus que conjuguer les verbes *lucere, micare, splendere, coruscare, fulgere, radiare*, ce n'est plus la noblesse de l'invention, le sentiment de la vie, la force de l'expression qu'ils célèbrent, c'est uniquement la richesse et l'éclat.

Le souci de l'étiquette complète la recherche de la pompe. « Auparavant, dit M. Charles Bayet, dans ses savantes études sur l'*Histoire de l'art byzantin*, le style était plein de naturel, les attitudes simples et sans contrainte ; à partir du IVe siècle, ces qualités charmantes commencent à disparaître. Il semble qu'on soit choqué de ces allures familières, qu'on les évite comme un manque de dignité et de tenue. Ce Christ qui ne se distingue point de ceux qui l'entourent, qui se mêle à tous, a quelque chose de trop populaire. Il est roi et l'art doit le faire sentir. Les écrivains, dès cette époque, donnent l'exemple de ces rapprochements tout matériels entre la royauté divine et la royauté terrestre. Au début du panégyrique de Constantin, Eusèbe s'y étend longuement ; il nous présente Dieu, l'empereur céleste, comme une image agrandie de l'empereur d'ici-bas. « Les arcs du monde lui servent de trône, la terre est son escabeau. Les armées célestes montent la garde autour de lui, les puissances surnaturelles sont ses doryphores, elles le reconnaissent pour leur despote, leur maître, leur roi. » Et la comparaison continue et se développe avec une singulière richesse d'images. Aussi, dans le domaine de l'art officiel, donnera-t-on désormais au Christ un costume plus éclatant, un aspect plus majestueux et plus imposant. Il s'est mêlé à la foule, sans doute, mais en monarque qui ne se confond pas avec elle ; on doit pouvoir le reconnaître en toute occasion à des signes distinctifs. Du reste, sa véritable place est sur le trône, sur ce trône byzantin, tout resplendissant d'or et de gemmes.[1] »

Sous l'empire des mêmes préoccupations, l'ordonnance, le coloris, le style des peintures, qu'il s'agisse d'incrustations ou de fresques, — ces dernières n'apparaissent plus guère que lorsque le temps ou l'argent manque pour recourir à la mosaïque, — subissent des modifications non moins profondes. C'en est fait de ces pages brillantes, mais incorrectes, où l'artiste, comme dans la mosaïque de Palestrine, s'abandonne sans contrainte à sa fantaisie. La régularité, la symétrie, deviennent la première loi de toute peinture murale : compléter l'œuvre de l'architecte et ne plus la troubler, telle est désormais la mission du peintre, qui ne s'inspire plus que des besoins de la décoration.

Si l'on s'attache au coloris des mosaïques chrétiennes, on est tenté de croire que les organes de la vision eux-mêmes se sont modifiés. Aux fonds romains, composés soit d'une couche de cubes blancs, soit de paysages ou de motifs d'architecture, succèdent les fonds d'or et d'azur. Dans le mausolée de Sainte-Constance, près de Rome, ce monument de transition si important, le mosaïste s'est encore conformé à la tradition classique : le blanc domine dans ses incrustations. Mais dès le Ve siècle, les figures s'enlèvent invariablement sur un fond doré ou azuré, à Rome, à Ravenne, à Milan, à Naples. Rarement innovation en apparence plus simple a produit des résultats plus considérables. Du coup la recherche de l'éclat est substituée à celle de la vie ; une lumière artificielle remplace la clarté du jour ; les personnages quittent le monde réel pour entrer dans un milieu idéal. Assurément, dans l'art romain, ces brillants concerts de couleurs n'étaient pas inconnus. Sans sortir de Rome ou de Pompéi, on trouve plus d'une fois l'or uni à la pourpre ; plus d'une fois des draperies blanches comme la nacre s'enlèvent sur un fond de lapis-lazuli ; tons vifs et gais, sombres et graves, il n'est point de gamme dans laquelle ces virtuoses de la couleur ne se soient exercés. Aussi n'est-ce pas telle ou telle découverte qui constitue l'originalité de la nouvelle école : ce qui distingue les peintres chrétiens, — et sous ce titre je comprends

---

1 *Recherches pour servir à l'histoire de la peinture et de la sculpture chrétiennes en Orient*, p. 54, 55.

non-seulement les peintres à fresque ou sur panneau, mais encore les mosaïstes, les brodeurs, les miniaturistes, — c'est la rigueur de leur méthode. Ce qui n'avait été qu'un accident devient la règle ; à l'égard du riche héritage laissé par l'antiquité classique, on se livre à un travail de simplification, d'élimination ; on développe un certain nombre d'éléments avec une logique inflexible ; bref, on parait original à force de se montrer exclusif.

Si je ne craignais de fatiguer le lecteur par des détails trop arides, je montrerais comment cette révolution dans les idées, les aspirations, le style, a été complétée par une modification capitale, de f ordre technique. Les anciens avaient réservé la peinture en mosaïque proprement dite, en d'autres termes l'imitation de fresques ou de tableaux, pour la décoration du sol ; afin d'assurer une durée plus grande à des compositions sans cesse foulées aux pieds, ils recouraient presque exclusivement aux pierres dures. Pour les incrustations des parois, au contraire, qui n'exigent pas la même force de résistance, ils se servaient de pâtes vitrifiées, de *smalti* (émaux), comme disent les Italiens, plus tendres et moins coûteux. Mais, comme si la difficulté vaincue avait été à leurs yeux la première condition du succès, les Romains de l'empire ne demandaient à cette seconde forme de la mosaïque que de reproduire des motifs d'ornementation, traités largement, dans une donnée essentiellement décorative. Le christianisme renversa l'ordre des facteurs : les parties verticales de l'édifice, — frise de la nef, arc triomphal, coupole, abside, — lui paraissent seules dignes de recevoir la peinture principale, ces figures de saints, ces scènes d'apothéose, auxquelles l'emploi de couleurs artificielles permettra de donner un si grand éclat ; il croirait au contraire commettre une profanation en traçant sur le sol des images religieuses, exposées à être foulées aux pieds. L'indifférence de l'autorité religieuse pour ces pavements, dans lesquels la peinture païenne avait célébré ses plus beaux triomphes, devint si grande que l'initiative privée dut souvent en faire tous les frais. De nombreuses inscriptions nous montrent les fidèles se cotisant pour faire exécuter l'un dix, l'autre vingt, un troisième cinquante ou même cent palmes carrés de pavement (cathédrales d'Aquilée, de Grado, de Vérone), ou bien encore telle ou telle figure déterminée, qui un paon, qui un griffon (cathédrale de Pesaro). L'intervention de l'élément laïque eut un résultat inattendu ; la foule se plut à fixer sur ce sol qu'on lui abandonnait les traditions de plus en plus vagues d'un culte et d'une civilisation désormais proscrits. Lorsque l'on interroge ces humbles productions, dont l'archéologie commence à peine à soupçonner l'existence, on y découvre la trace de luttes latentes entre la rigueur, de jour en jour croissante, de l'église et les aspirations ou les réminiscences populaires. Pendant plus de mille ans, les représentations profanes, et parmi elles un certain nombre de formules du polythéisme, se développent librement dans les incrustations du sol, tandis que l'orthodoxie la plus sévère préside à la décoration des murs. Ici, dans la cathédrale d'Aoste, les figures des Mois sont groupées autour de celle de l'Année, qui tient d'une main le soleil, de l'autre la lune ; ailleurs, à Pavie, l'Année est assise sur un trône, la couronne en tête, le sceptre dans une main, le globe dans l'autre. A Reggio, les personnifications des Saisons ont pris place à côté des signes du zodiaque ; à Hildesheim, nous voyons celles des Quatre Éléments ; dans la précieuse mosaïque de Sour, rapportée par M. Renan, celles des Quatre Vents. Des scènes tirées de la mythologie complètent ce cycle curieux, où les forces de la nature sont personnifiées, sillon divinisées. Le combat de Thésée et du Minotaure forme le sujet principal des pavements de Plaisance, de Pavie, de Crémone. Hâtons-nous d'ajouter que, dans ces compositions inspirées du paganisme, l'artiste du moyen âge a voulu exprimer une idée foncièrement chrétienne. Le labyrinthe est pour lui l'image des séductions du monde : il a souligné son intention en plaçant, en regard du héros grec, David combattant Goliath. Il serait difficile de faire valoir le même argument en faveur d'un dernier ordre de compositions, auxquelles l'esprit populaire s'est attaché avec une ténacité extraordinaire : les souvenirs de l'amphithéâtre. Ici encore, ce sont les mosaïstes qui ont servi d'interprètes à la foule : à Rome, un fragment de mosaïque, provenant de la basilique de Saint-André in Barbara, représente un tigre dévorant une génisse ; à Crémone, à Carthage, à Djemilah et en vingt autres endroits, on rencontre des combats de fauves ou des scènes de chasse. Les pavements ont conservé jusqu'à cette zoologie fantastique, dont le moyen âge s'empara avec une ardeur contre laquelle saint Bernard a protesté en termes éloquents, et qui, pendant tant de siècles, hanta comme un cauchemar l'imagination de l'Europe : sirènes, hippocampes, centaures, chimères, dragons, capricornes, basilics et autres monstres analogues, enfantés par l'antiquité ; l'exemple le plus curieux peut-être de cette persistance de la tradition nous est fourni par le pavement du dôme de Casale : on y voit les êtres fabuleux décrits par Pline, les hommes sans tête, et les antipodes, avec des inscriptions qui ne laissent aucun doute sur la source de l'inspiration.

Section III

Jusqu'à la translation du siège de l'empire à Constantinople, Rome avait régné sans partage dans le vaste domaine des arts. A partir du IVe siècle, une autre cité, jusqu'alors inconnue, lui dispute la suprématie en Italie même. Capitale délaissée, Rome chercha naturellement à se retremper dans les souvenirs et les leçons de son passé, ce passé écrasant qui faisait en quelque sorte sa raison d'être ; elle sera la gardienne de la tradition classique ; elle défendra contre les novateurs le dépôt sacré que lui a légué la Grèce vaincue. L'admirable mosaïque de Sainte-Pudentienne, qui n'a plus besoin d'être signalée aux visiteurs de la ville éternelle, montre que ces efforts furent couronnés de succès ; le christianisme a enfin trouvé une formule digne de lui ; nous assistons à une véritable renaissance de la peinture, tout à l'heure expirante. Mais on lutte en vain contre la destinée. Rome était atteinte dans ses organes vitaux ; un chef-d'œuvre ne pouvait pas l'arrêter sur la pente de la décadence. Les artistes romains cherchent en vain à suppléer par les leçons de leurs ancêtres à l'étude de cette nature qu'ils ne comprennent plus ; le culte trop exclusif des modèles classiques ne tarde pas à engendrer la sécheresse ; la correction dégénère en raideur : longtemps avant que le terme d'art byzantin fût devenu synonyme de stagnation intellectuelle, les derniers représentants de l'école romaine étaient réduits à répéter à satiété des formules qu'ils n'avaient plus la force de rajeunir, de renouveler.

Dans ces siècles où tant de fléaux fondirent sur l'Italie, l'invasion des Goths, les luttes entre Bélisaire et les successeurs de Théodoric, l'invasion des Lombards, la rivale de Rome, — nous avons nommé Ravenne, — eut à la fois les avantages d'une situation presque inexpugnable et ceux d'une entière indépendance vis-à-vis de la tradition. Sur ce sol arraché aux flots, dans ces marais transformés en serre chaude, la floraison fut rapide ; elle fut aussi éphémère. Les Romains étant les champions des traditions latines, les Ravennates seront ceux des nouvelles aspirations de l'Orient : ils ont eu le bonheur de jouer ce rôle cinq cents ans avant Venise, à une époque où la civilisation byzantine était encore pleine de force et de sève. Si nous examinons les grandes compositions qui ornent, aujourd'hui encore, les principaux monuments de Ravenne, le mausolée de Placidie, le baptistère des orthodoxes, Saint-Apollinaire Nouveau, Saint-Vital, nous y trouvons, à la place de la sévérité propre aux mosaïques romaines contemporaines, une originalité, une chaleur, un sentiment de la couleur et de la vie qui défient toute analyse. Les artistes ravennates sont à la fois plus habiles et plus émus que leurs confrères latins : ils possèdent à fond la technique de leur art ; leur science du modelé tient souvent du prodige, comme dans cette composition où ils ont fixé, en traits d'une sûreté et d'une hardiesse incomparables, l'image de l'empereur Justinien et de Théodora, sa trop fameuse épouse, et cependant, à chaque instant, nous les voyons consulter la nature avec cette candeur, cette tendresse, qui prêtent tant de charmes aux ouvrages de la mystique école d'Assise et à ceux du suave fra Angelico. Ici ils se plaisent à orner le sol de fleurs gracieuses, d'oiseaux au riche plumage ; ailleurs ils nous montrent le farouche législateur des Hébreux caressant une des brebis du troupeau de Jethro. C'est à ces artistes byzantino-italiens, si décriés dans la suite, que la poésie dut de ne pas mourir tout entière au milieu de l'ignorance et de la barbarie universelles.

Fondée vers la fin du IVe siècle, l'école de Ravenne célèbre ses plus éclatants triomphes dès le milieu du siècle suivant. La décoration du mausolée de Placidie, le plus ancien des monuments ravennates parvenus jusqu'à nous, peut passer pour la plus haute expression, non-seulement de l'art italo-byzantin, mais de l'art chrétien primitif tout entier. Aucun autre ensemble ne réunit au même point la magnificence et la noblesse. La forme du monument est celle d'une croix grecque, ayant ses bras voûtés en berceau et son centre surmonté d'une coupole ; dans la décoration de ses différentes parties, le mosaïste a prodigué les ornements les plus riches et les plus gracieux : étoiles, rosaces, grecques, méandres, guirlandes émergeant de corbeilles multicolores, rinceaux d'or. Des cerfs se désaltérant aux sources vives de la foi, des colombes buvant dans un vase, enfin les figures des apôtres et les symboles des évangélistes mêlent à l'élément purement ornemental l'élément symbolique et historique. Mais c'est surtout dans les deux tableaux incrustés, l'un dans la lunette qui surmonte la porte, l'autre dans la lunette du fond, que les droits de la foi et de la pensée se font jour. Le premier nous montre le Christ assis au milieu de son troupeau ; les traits du jeune dieu, avec ses yeux pleins de tendresse, sa bouche souriante, ses longs cheveux blonds ombrageant son visage imberbe, du galbe le plus pur, rappellent l'Apollon antique, avec je ne sais quelle douceur et quelle suavité introduites par le christianisme dans le type traditionnel. L'élégance du costume ajoute encore au charme de cette figure délicieusement juvénile : il se compose d'une tunique d'or, qui laisse à nu le cou et les pieds, et d'un manteau pourpre dont l'extrémité repose sur les genoux du divin pasteur ; celui-ci, tandis que de son bras gauche, noblement arrondi, il soutient une croix d'or à longue haste, livre sa main droite aux caresses d'une brebis qui vient la lécher ; son regard embrasse en même temps les autres brebis, debout près de lui et attentives à sa voix ; un paysage pur et calme, avec quelques arbres et quelques rochers, se détachant sur un ciel d'un Lieu clair, complète le tableau.

La peinture qui fait face au *Bon Pasteur* montre une inspiration bien différente : si dans la première on admire la douceur et la majesté des traits du Christ, la noblesse de son attitude, la touchante affection que lui témoigne son troupeau, et surtout l'ineffable sérénité répandue sur toute la scène, dans la seconde tout est mouvement et passion ; l'une ressemble à une idylle, l'autre à un chant de guerre. On a longtemps discuté sur la signification de cette dernière ; aux yeux de bon nombre d'archéologues, le personnage qui y est représenté, s'avançant, ou plutôt courant, un volume à la main, vers un brasier ardent, ne serait autre que le Christ jetant au feu les livres des hérétiques, tandis que les volumes placés de l'autre côté du brasier, dans une armoire, les écrits des évangélistes, bravent les atteintes des flammes. L'intolérance de Placidie, les décrets récents de Théodose et de Valentinien, ordonnant de brûler les ouvrages des nestoriens, des décrets analogues rendus vers la même époque par les papes Gélase et Symmaque, tout semblait justifier cette ingénieuse interprétation. La disposition même des deux scènes venait à l'appui de cette manière de voir : au-dessus de l'entrée, l'artiste avait peint le *Bon Pasteur*, c'est-à-dire le Christ exerçant son ministère de paix ; au fond, en regard du précédent tableau, le Christ militant, saisi d'une sainte indignation à la vue des progrès de l'hérésie. Aujourd'hui, grâce aux arguments produits par M. de Rossi, nous savons que la seconde composition représente en réalité saint Laurent marchant au supplice, non en martyr, il est vrai, mais en triomphateur. L'énergie qui éclate dans ses traits, la vivacité de son allure, l'éloquence de son geste, proclament la transformation qui s'est opérée dans les sentiments des fidèles : la résignation des premiers siècles a fait place à l'enthousiasme, à l'orgueil fondé sur de récents triomphes. Le saint n'aperçoit même pas le bûcher qui doit le dévorer : dédaignant les menaces d'un bourreau impuissant, il s'avance plein d'ardeur et d'assurance vers l'arche sainte, où il voit briller les livres sacrés destinés à confondre les ennemis de la foi.

Au VIe siècle, sous Théodoric et sous Justinien, le triomphe de Ravenne sur Rome est complet : celle-ci n'a plus qu'une seule composition, la mosaïque des Saints Cosme et Damien, empreinte d'une sorte de grandeur farouche, à opposer aux scènes de la vie du Christ, d'un style si simple et si noble, incrustées sur les murs de Saint-Apollinaire Nouveau, à l'éblouissante décoration de Saint-Vital. Mais cette supériorité dura peu ; une commune barbarie envahit la péninsule entière ; les efforts de Charlemagne, qui réussit à provoquer de ce côté-ci des Alpes une véritable renaissance, sent impuissants à ranimer l'art italien ; nul doute que les dernières traces d'élégance, — une élégance relative, — que l'on découvre dans deux des mosaïques romaines exécutées sous son règne, la chapelle de Saint-Zénon à Saint-Praxède, et Santa-Maria della Navicella, ne soient dues à des artistes venus de Byzance.

C'est encore de l'école byzantine que l'Italie, deux siècles plus tard, au temps des luttes entre la papauté et l'empire, attend son salut, et c'est encore dans la mosaïque que s'affirment les premières tentatives de réforme. En 1070, — cette date mérite d'être retenue, — l'abbé du Mont-Cassin, Didier, fait venir de Constantinople des mosaïstes auxquels il confie la décoration de son couvent ; son exemple ne tarde pas à être suivi, au midi par les Normands, au nord par les Vénitiens ; bientôt la mosaïque a reconquis son antique popularité. La basilique de Saint-Marc, à Venise, celles de Murano et de Torcello, le baptistère de Florence, les basiliques de Saint-Clément, de Sainte-Françoise-Romaine, de Sainte-Marie du Transtevère, de Saint-Jean-de-Latran, de Sainte-Marie-Majeure, à Rome, celles de Grotta-Ferrata, de Salerne, d'Amalli, de Palerme, de Montréal, de Cefalu et vingt autres voient leurs murs se couvrir d'incrustations en émail, tandis que le sol disparaît sous des assemblages de marbres imitant les plus riches tapis. À Rome, une école d'artistes de mérite, les Cosmates, dont la vogue dura pendant plus d'un siècle, étend la mosaïque jusqu'aux ambons, aux autels, aux candélabres, sur lesquels elle incruste d'élégants ornements stelliformes. Pour la richesse, ces vastes ensembles décoratifs du moyen âge n'ont rien à envier à ceux de l'antiquité.

Dans le travail auquel nous avons déjà fait un emprunt, M. Bayet a défini en termes excellents le rôle de la mosaïque à partir du triomphe du christianisme. Après nous avoir montré le Poussin étudiant la mosaïque de Sainte-Pudentienne, Hippolyte Flandrin s'inspirant de celles de Ravenne, il ajoute : « C'est qu'en effet les plus grossières, les plus imparfaites gardent encore une grandeur d'allure admirable ; les incorrections de détail qui les déparent ne sauraient détruire l'impression de l'ensemble, et l'on conserve le souvenir de ces figures d'une si sévère majesté dans leur immobilité hiératique. Ces qualités tiennent à la technique aussi bien qu'à la composition… Les vieux mosaïstes procédaient par grandes masses, juxtaposant les couleurs tranchées, négligeant les transitions : comme la mosaïque est vue de loin, la dureté de ces oppositions se perd dans l'harmonie générale de l'œuvre ; mais, en revanche, tout se détache avec une vigueur et un éclat incomparables. Les figures s'enlèvent sur un fond d'un bleu ou d'un or intense ; les tons nets et vifs des vêtements forment avec ce ton uniforme un contraste puissant ; souvent, pour mieux accuser le dessin, une ligne noire indique les contours du corps et les traits du visage. Grâce à cette disposition, les personnages font en quelque sorte saillie. Dans cet emploi d'un nombre de couleurs restreint, ne faut-il voir que l'inspiration d'un goût plus sûr ? N'y trouverait on pas aussi l'ignorance des procédés qui permettent d'obtenir une plus grande variété de nuances ? Peu importe : l'art est quelquefois mieux servi par l'ignorance que par la science ; la mosaïque ainsi comprise constitue un art décoratif vraiment original. Dans le choix des compositions, les mosaïstes byzantins apportaient la même recherche de grands effets bien accusés et saisissant le regard. C'est pour cela qu'ils s'attachaient de préférence à des sujets où l'action est presque nulle, où l'on peut isoler les personnages, les ranger en ordre, de manière à ne point troubler la disposition uniforme de l'ensemble. Dans certaines scènes, on évitait même de placer plus de figures d'un côté que de l'autre, de peur de rompre l'équilibre des différentes parties de l'œuvre et d'y introduire quelque disproportion. Ce principe de symétrie, dès lors si soigneusement observé, devait se maintenir dans l'art byzantin. L'esprit des artistes en fut si pénétré, qu'ils l'appliquèrent sans cesse et jusque dans les moindres ouvrages : ce fut par là que cet art, tout en perdant du côté de la vie et de la liberté, gagna de se prêter mieux que d'autres à la décoration des grands édifices religieux. Aujourd'hui encore, dans l'état de décadence où est tombée la peinture chrétienne d'Orient, ces qualités sont sensibles, et des œuvres médiocres, d'une exécution grossière, ont malgré tout un certain air de grandeur.

Section IV

Grâce au besoin de solennité, de grandeur, de régularité, grâce aussi à l'esprit d'abstraction propre à la première parue du moyen âge, la mosaïque a pu briller du plus vif éclat dans un moment où tous les autres arts étaient dans l'abaissement le plus profond. Mais du jour où de nouveaux horizons s'ouvrirent à l'imagination des artistes, où la nature, si longtemps ignorée, reparut à leurs yeux éblouis, où l'étude des passions reprit sa place dans le domaine de l'art, il fallait ou qu'elle se transformât, ou qu'elle abdiquât. Revenir aux traditions de l'antiquité eut été le plus sage ; le sacrifice parut excessif ; il en coûtait trop de renoncer à ces associations de tons éclatants, quoique parfois vides, dans lesquelles l'art chrétien avait célébré tant de triomphes. On est en droit de dire que la mosaïque ne survécut pas à l'avènement du style gothique : les compositions qui ornent l'abside de deux des plus vénérables sanctuaires de la ville éternelle, Saint-Jean-de-Latran et Sainte-Marie-Majeure, sont comme la dernière lueur d'un art qui va disparaître. Les incrustations, de plus en plus rares, qui, dans la suite, prennent naissance à Naples, à Rome, à Orvieto, à Sienne, à Pise, à Venise, paraissent des anachronismes ; elles n'ont plus rien à faire avec les nouvelles préoccupations de d'Italie.

La renaissance, avec son exquise entente des lois de la décoration, semblait appelée à régénérer un art qui se recommandait à elle par les souvenirs de l'antiquité plus encore que par ceux du moyen âge. Elle lui témoigna en effet un réel intérêt : Laurent le Magnifique, ce grand initiateur, ne négligea rien pour le remettre en honneur ; Raphaël et le Titien lui fournirent des cartons. Mais, pour aboutir, ces évolutions ont besoin d'être longuement préparées : les artistes florentins employés par le Magnifique connaissaient mal la technique des incrustations ; ceux de Venise, chargés d'interpréter les compositions de Raphaël et du Titien, étaient au contraire trop pénétrés des traditions byzantines, qui s'étaient maintenues dans la ville des doges jusqu'en plein XVIe siècle. Les résultats obtenus laissèrent donc beaucoup à désirer ; ici on abusa des tons conventionnels du moyen âge, l'or, l'azur, le pourpre, alors qu'il fallait revenir à la coloration à la fois claire et chaude de l'antiquité ; ailleurs, on copia servilement les fresques ou les tableaux (à cet égard nous avons vu que l'antiquité n'avait pas été absolument irréprochable), au lieu de les traduire, avec une entière indépendance, dans cette langue sonore et harmonieuse propre aux mosaïstes de Pompéi. L'imitation de la peinture, tel sera désormais le but que se propose la mosaïque. « Dans cette folle tentative, — c'est encore M. Vitet qui parle, — il faut que celle-ci descende aux tours de force, aux procédés microscopiques, qu'elle abdique sa vraie puissance, qu'elle s'amollisse, qu'elle s'efféminé et tombe à ces froids trompe-l'œil qu'on montre à Saint-Pierre de Rome comme les miracles du genre. »

Aujourd'hui, grâce à l'initiative de quelques artistes qui n'ont pas voulu se laisser distancer par les hommes d'étude, la mosaïque promet de redevenir un art vivant. Le premier, M. Garnier a montré quels effets de libre et puissante décoration on pouvait tirer de ces incrustations dans lesquelles on s'était habitué à ne plus admirer que le fini. Le succès obtenu par les masques tragiques incrustés dans le plafond de la loge extérieure de l'Opéra a décidé le gouvernement à établir à la manufacture de Sèvres un atelier de mosaïstes. L'institution naissante, à laquelle M. Georges Berger a tracé sa voie dans un rapport remarquable, n'a compté au début que des Italiens ; aujourd'hui, les élèves français, formés sous leur direction, commencent à prendre part aux travaux. La traduction des cartons d'un peintre éminent, qui s'est familiarisé par un long séjour et des études assidues avec les chefs-d'œuvre de la mosaïque italienne, et qui sait unir à la sereine majesté des maîtres d'autrefois une émotion toute moderne, tel est le but proposé à leurs efforts : les compositions de M. Hébert s'incrustent en ce moment sur les murs du Panthéon. Les esquisses qui ont servi à les préparer auraient mérité d'inaugurer le Salon d'une nouvelle espèce qui, en 1882, pour la première fois, a pris place à côté du Salon traditionnel et qui est appelé à consacrer la réhabilitation, la tardive revanche des arts décoratifs.

ISBN : 978-1984216977

www.ingramcontent.com/pod-product-compliance
Lightning Source LLC
Chambersburg PA
CBHW070934220526
45468CB00005B/1766